VIE

D'UNE

MÈRE CHRÉTIENNE

MANIFESTÉE PAR SA FILLE.

« Ses enfants se lèvent et
» la disent bienheureuse. »
(*Les Proverbes de Salomon*, XXXI. 28.)

CET OUVRAGE SE TROUVE CHEZ MADEMOISELLE MAHY,
RUE DUGOMMIER, N° 6, A NANTES.

—

NANTES,

IMPRIMERIE DE VINCENT FOREST, PLACE DU COMMERCE, 1.

A MONSIEUR TOASE.

DIGNE PASTEUR ET CHER FRÈRE EN JÉSUS-CHRIST NOTRE SEIGNEUR,

Ayant différé quelque temps, je viens enfin m'acquitter de la tâche que vous m'aviez imposée, à la fois agréable, pénible et délicate. Agréable, car il est doux de parler, d'écrire d'une mère chérie, justement estimée, digne de l'être. Pénible, parce qu'elle réveille ma douleur. N'ayant pas laissé de journal, il a fallu que je me rappelle ce que je lui ai entendu raconter de son enfance, sa conversion, etc. J'ai pris aussi tous les renseignements utiles auprès de ceux qui l'ont connue avant moi. Délicate pour le cœur d'un enfant. En prenant la plume j'ai ressenti toute mon incapacité ; j'ai imploré le secours de la grâce. Guidée par la piété filiale, pour rendre hommage à la vérité, j'ai dû retracer les principaux événements de sa vie, son caractère, son expérience chrétienne. Je l'ai fait fidèlement ; je désirais le faire naïvement, simplement, sans exagération. Pardonnez-moi si je n'ai pas atteint ce but : du moins j'ai tâché de le faire. En retranchant je craignais, en fille ingrate, d'être injuste à sa mémoire, par une faussse délicatesse de priver le lecteur de l'intérêt qu'il aurait pu y trouver. Je sais que ma narration est remplie de nombreuses imperfections ; je vous la soumets parce que vous avez connu ma chère mère pendant vingt-quatre ans. Si ce mémoire peut être en édification à une seule âme, je serai bien dédommagée de mon petit travail. Je demande toute votre indulgence pour ce premier essai de ma plume.

Cher Frère,

Veuillez agréer les sentiments d'estime et d'affection fraternelle, avec lesquels je demeure votre sœur en Christ.

C. MAHY. 1

AUX ÉGLISES PROTESTANTES.

Je m'adresse maintenant à vous, mes chers co-religionnaires, chrétiens réformés des environ de Caen. Eglises auxquelles je me fais gloire d'appartenir, qui fûtes les prémices des labeurs de l'auteur de nos jours; vous à qui il consacra ses veilles pendant dix-neuf ans, et qui l'avez honoré de votre confiance. Troupeaux chéris, pour lesquels il a prié, lutté au trône de la grâce! Puissent ses travaux n'être pas vains au milieu de vous! Je ne puis laisser échapper cette occasion favorable où un si vaste champ m'est ouvert, sans vous exprimer quelques-uns des sentiments de mon cœur; en vous soumettant la vie de son épouse. Si je m'avance, supportez-moi, on m'a encouragée à le faire, que votre charité y supplée; soyez persuadés que je ne fais qu'obéir à la voix du devoir. Je désire vous parler en toute simplicité et humilité; je ne suis ni pasteur, ni missionnaire, mais je sens que je suis tout à la fois fille de l'un et de l'autre. Fille de pasteur, puisque mon père en a rempli les fonctions auprès de vous; fille de missionnaire, puisqu'il en avait d'abord embrassé la carrière; sentant que jusqu'à la dernière goutte du sang qui coule dans mes veines est de ce sang, moi aussi je m'intéresse à vous. Que Dieu me fasse la grâce de suivre mes parents de loin, d'être animée de leur esprit! Je sens que j'ai aussi des obligations à remplir. Je voudrais aussi, quelqu'incapable que j'en sois, pouvoir vous être utile; je prierai pour vous. La charité de Christ me presse, mon père vous a donné la bénédiction pastorale, veuillez recevoir mes salutations fraternelles. Que la grâce et la paix vous

soient abondamment multipliées. J'ai encore quelque chose
à dire à chacunes de vos églises en particulier.

A l'Église de Beuville , je veux dire qu'aujourd'hui
je désire m'entretenir un instant avec vous. Nous ne
pouvons oublier que c'est au milieu de vous que la sage
et bonne Providence nous avait placés..... C'est au pres-
bytère (maintenant habité par d'autres), que se passèrent
nos premières années, au sein de l'amitié fidèle. La tendre
sollicitude de nos bons parents veillait alors sur nous, pour
former nos cœurs à la vertu et à la crainte de l'Eternel. Les
auteurs de nos jours, ainsi que ces beaux jours de notre
enfance, ont disparu pour jamais!.... Hélas! il ne nous en
reste plus que le doux souvenir!.... Tel est le sort des
choses terrestres! Puissions-nous en tirer une leçon utile
qui détache nos affections, et les fixe sur les biens invisibles
et éternels. Je me rappelle que le jour du sabbat nos chers
parents avaient l'habitude de se réunir à cinq heures du matin,
avec quelques membres pieux du troupeau (dont plusieurs
sont dans la gloire), pour implorer la bénédiction divine sur
eux , sur les travaux de la journée. (1) Moi enfant, je tâchais
de m'y trouver, je n'oublierai jamais l'effet que cela pro-
duisait sur mon esprit, comme leur zèle m'édifiait. Le
soleil levant, venant alors darder ses rayons sur les vitres
plombées de l'ancienne salle de prière, était l'image du
soleil de justice qui doit éclairer nos esprits. Prions ardemment le Seigneur qu'il chasse l'obscurité qui le dérobe aux
regards de notre foi.

---

(1) Les parents se trompent souvent à cet égard , quand ils croient que les enfants
ne prennent pas de part au service religieux. J'ai souvent remarqué le contraire chez
des enfants très-jeunes ; il se passait déjà quelques impressions divines , dont ils ne
pouvaient pas même se rendre compte.

Votre pasteur avait désiré ériger un temple à l'Eternel ; après sa mort, lorsque des circonstances plus favorables l'ont permis, notre mère bien aimée a accompli ce vœu, elle vous a légué ce témoignage, ce gage de notre affection. Je vous dirai ici qu'elle ne vous a jamais oubliés ; vous fûtes chers à son cœur quoique nous eussions été appelées ailleurs : elle pensait à vous, s'intéressait pour vous au trône de la grâce : je sais que vous l'avez regrettée ; vous l'estimiez. Je ne ferai point son éloge, j'espère que vous la reconnaitrez à la faible esquisse que j'ai tâché d'en donner. Vous pouvez célébrer en paix le culte divin, bienfait dont nos ancêtres étaient privés. Jetons maintenant un coup d'œil en arrière vers ces temps malheureux où il fallait s'assembler en secret, où on n'admettait pas même les enfants de peur d'être découvert. Ces temps ne sont pas éloignés. Dans l'enfance de ma mère on s'assemblait ainsi chez Mme P....., notre tante que nous avons connue si zélée pour la réformation, ayant été obligée de quitter sa patrie pour conserver sa foi. A son retour c'est là, près de l'église, dans cette maison entourée de hautes murailles, que les habitants de la commune se réunissaient secrètement en prière. Aussi tâchait-élle d'éclairer ses semblables sur les erreurs de l'église de Rome. Grâce à Dieu, ses travaux n'ont point été vains ; il y en a même un qui proclame la bonne nouvelle du salut. (1) Il n'y avait pas non plus de cimetière : chaque famille en avait un dans un coin de son jardin. Dans nos voyages nous visitons la sépulture de ma bonne tante, située dans une salle à cette effet, dans le jardin. Je veux aujourd'hui la

---

(1) Il y a quelques années elle fit réimprimer « la *Perpétuité ou l'Antiquité de la » Religion Protestante*, avec le *Vrai et le Faux Jubilé*, par J. RENOUF, moine » Franciscain. »

visiter avec vous. Quel silence imposant! Ici repose mon oncle, ma tante....., là, leurs deux fils, ici, leurs deux filles....., dont une jeune encore paya le tribut à la nature. Je viens à vous, jeunes gens, qui ne me connaissez guère; j'aime la jeunesse, ayant épuisé mes forces à la former et à l'instruire. Souvenez-vous de votre créateur avant que les jours viennent auxquels vous direz je n'y prends plus de plaisir. Puissent les glorieux priviléges dont vous jouissez vous conduire au pied de la croix de votre Sauveur, vous faire ressentir à salut les effets de son précieux sang, versé pour la rançon du monde!

Notre commune renferme plusieurs souvenirs utiles. La tombe de l'humble pasteur Du Pontavice Vaugarni, natif de Fougères, qui ayant quitté les erreurs de l'Eglise dans laquelle il était né, préféra l'opprobre de Christ à l'opulence dont il eut pû jouir au sein de sa famille, et aux titres de noblesse dont il était investi. Interrogez vos parents, ils vous diront de suivre son exemple, sa douceur, sa foi, sa charité. Lisez sur son tombeau ce qu'il dit en mourant : « J'ai combattu le bon combat, j'ai gardé la foi, la cou- » ronne de vie m'est réservée. » Quelle affection ce digne serviteur de Christ avait pour ma famille, il désira venir y terminer ses jours, et demanda la faveur d'être inhumé près de nos ancêtres.

Il y a aussi au-dessus de la commune une grande fosse qui porte le nom de Fosse-aux-Huguenots. C'est là que naguère se rassemblaient nos ancêtres, pendant les persécutions. Sur le minuit, des pasteurs souvent inconnus venaient, au péril de leur vie, leur annoncer l'Evangile, tandis que des gardes appostés veillaient de peur d'être surpris.

Nous, leurs enfants, plus heureux, ne craignons rien de

la part des hommes. Souvenons-nous qu'il nous sera plus redemandé.

C'est dans votre Eglise de PÉRIER que j'ai participé pour la première fois à la Sainte Cène ; moment solennel qui fait époque dans ma vie, que je n'oublierai jamais, à cause des grâces que le Seigneur daigna me faire alors, malgré mon indignité ! L'auteur de mes jours a habité parmi vous, vous fûtes les objets de ses soins.

Je me souviens que, très-jeune encore, le jour du Vendredi-Saint, il a prêché sur ces paroles : « Je te dis en » vérité que tu seras aujourd'hui avec moi dans le Paradis. » (Luc XXIII, v. 43.) au sujet du brigand sur la croix. Je l'accompagnais. C'était dans la salle de prière. Vous n'aviez pas encore de temple, car depuis j'en ai vu jeter les fondements. J'espère que je n'oublierai jamais ce sermon ; avec quelle force mon père insista sur les événements de la mort de notre Sauveur ! Et ensuite il en fit une application salutaire à son auditoire. S'il existe encore, parmi vous, de ces enfants en l'Evangile , peut-être ils se le rappelleront. Plusieurs nous ont devancé dans la gloire ; efforçons-nous d'entrer, la porte est étroite, plusieurs tâcheront et ne le pourront. Renonçons chaque jour à nous-mêmes, chargeant notre croix pour suivre l'Agneau quelque part qu'il aille.

J'espère que vous voudrez bien lire la vie de notre Mère bien-aimée que vous avez connue , et agréez ce témoignage de mon affection chrétienne : que vous mettrez à profit tous les moyens de grâce, pour assurer votre vocation et votre élection. C'est le désir de mon cœur.

Quelques-uns de vous des Églises de CRESSERON et de FRÊNE-CAMILLY , ont connu celle dont je vous offre le mémoire. Mon cher père vous a annoncé l'Evangile, vous fûtes les objets de sa sollicitude. Une circonstance se retrace à ma mémoire. Lorsque, se livrant à la méditation, le jour du Sabbat il parcourait le beau pays de la plaine, nos vastes et belles campagnes ; où la nature semble déployer ses plus riches trésors. En allant d'une église à l'autre, il voyait des laboureurs à la charrue ; il quittait le sentier uni, et traversait les sillons raboteux, pour exhorter les profanateurs et leur enseigner la loi de l'Eternel. Sa parole qui doit être une lumière à notre sentier. J'espère, mes chers frères, que vous n'avez pas reçu la grâce de Dieu en vain. Je prie pour vous et demande un intérêt dans vos prières.

Mes très-chers frères et sœurs de l'Église de Courseul, c'est chez vous que le jeune Missionnaire, commençant sa pénible carrière, a premièrement débarqué. Comme Abraham, il avait quitté son pays pour venir dans une contrée qu'il ne connaissait point. C'est chez vous qu'a été premièrement déployé l'étendard de l'Evangile de paix. Vous le reçûtes avec joie, dans ces temps de sinistre mémoire où les Pasteurs avaient fui, où nos églises étaient détruites, désertes, désolées. Dans plusieurs endroits, il n'y en avait pas ; on était obligé de prêcher dans des granges.

Ayant consulté les Ecritures, voyant que sa doctrine y était en tout conforme, ainsi qu'à celle de l'Eglise réformée, vous sûtes le fixer au milieu de vous. Pour répondre à vos vœux, au témoignage de votre affection chrétienne, désirant vous être utile, croyant répondre aux vues du Seigneur, il renonça à la carrière missionnaire, qu'il avait d'abord embrassée, pour demeurer pasteur de vos églises. Peut-être quelques-uns de vous se rappellent encore ses touchantes exhortations. Ah ! vous avez de grandes obligations envers le Très-Haut, qui a manifesté sa bonté en vous faisant publier la bonne nouvelle du salut ! Car c'est ici l'heure de nous réveiller du sommeil, puisque le salut est maintenant plus

près de nous, que lorsque nous avous cru. (Rom. xiii, v. 11.)
Tâchez, mes bien-aimés frères et sœurs, de travailler pendant qu'il est jour, la nuit vient en laquelle personne ne le
peut faire. Soyez tous des enfants de lumière, zélés pour
la gloire de Dieu. J'espère que vous voudrez bien lire la vie
de son épouse. Plusieurs de vous l'ont sans doute connue,
et savent qu'elle était un enfant de paix, animée par la
charité. Veuillez agréer ce témoignage d'affection. Je
désire me rappeler à votre souvenir, quoique je vous soie
inconnue personnellement, je demande un intérêt dans vos
prières. Que la paix de Dieu, qui surpasse tout entendement,
repose sur vous tous : Amen.

Recevez mes salutations cordiales,

C. MAHY.

VIE

D'UNE MÈRE CHRÉTIENNE.

Marie-Françoise Houël, est née le 24 avril 1771, à Beuville, en Normandie, d'une famille respectable. Ses parents étaient réformés. Ils l'élevèrent, dès sa tendre enfance, dans l'observation des devoirs extérieurs de la religion. M. Houël était bon propriétaire; il avait une campagne à Petitville, près de la belle contrée d'Auge; lorsqu'il l'habitait, il réunissait ses enfants le dimanche pour célébrer le culte, vu qu'il n'y avait pas de protestants dans cette commune. Mme Houël, dans sa jeunesse, ainsi que sa sœur, après avoir été longtemps enfermée dans une cave obscure, à cause des persécutions; de peur d'être mise au couvent, fut conduite à la dérobée par sa bonne jusqu'à la frontière; de là elles s'embarquèrent pour Jersey; lorsqu'il fut possible, elles repassèrent en France. Marie-Françoise eut le malheur de perdre sa mère, à l'âge de onze ans. En mourant, elle donna des témoignages que son âme allait jouir de la félicité des saints, dans la gloire. Elle lui disait : « Ne pleure pas, ma fille, le ciel est ouvert qui m'attend. » Je vois les anges prêts à me recevoir. N'enviez pas mon » bonheur.... » Elle sommeilla; à son réveil elle dit : qu'elle avait vu « des choses ineffables et glorieuses. » Aussitôt après elle entra dans la joie de son Seigneur. Mᵐᵉ Houël éprouva une vive douleur ; douée d'une âme sensible, rien ne pouvait réparer la perte qu'elle venait de faire. Deux ans après, elle fut encore éprouvée par la mort de son père. Ils habitaient alors Crocy, ayant des propriétés dans cet endroit, où naguère une grande partie des habitants étaient réformés. Maintenant ils sont catholiques romains, à l'exception d'une femme âgée, laquelle a toujours gardé précieusement sa Bible.

Restée orpheline, Marie-Françoise fut placée en pension où elle ressentait, journellement, la perte qu'elle avait faite. Elle assistait régulièrement au culte public ; elle avait une conscience tendre et délicate : ensuite elle se livrait aux plaisirs innocents ; car on n'avait pas des idées plus claires de la religion dans son temps ; en allant au temple, deux fois le dimanche, on croyait être de bons chrétiens. Parvenue à l'âge où l'on fait sa première communion dans l'église réformée : elle s'appliqua à l'étude : se distingua par ses connaissances et son savoir. Elle fut reçue dans l'Église par le pasteur de Caen. Ainsi se passèrent quelques années de sa jeunesse. Elle était exacte à tous égards, selon ses connaissances. A cette époque, il y avait peu de crainte de Dieu au pays. Elle aimait les divertissements, la danse. Un dimanche après avoir assisté au culte deux fois, comme elle était occupée à danser, il s'éleva tout-à-coup un orage, les éclairs brillent, le tonnerre gronde, le groupe épouvanté se disperse ! Elle réfléchit et prend la ferme résolution d'y renoncer pour toujours, ainsi qu'au jeu de cartes. La conviction s'empara de son cœur. Il plut au Seigneur de l'éclairer. Elle le rechercha de toute son âme. Le dimanche suivant, après les services, elle monta dans sa chambre, prit sa Bible, la lut avec attention. Ses jeunes compagnes la cherchèrent inutilement au lieu ordinaire. Lorsqu'elle les rencontra, elle leur dit : que, maintenant, elle reconnaissait qu'elle avait jusque-là perdu le temps ; elle était décidée de le racheter. Elles employèrent les discours les plus affectueux, les plus persuasifs, mais inutilement. Voyant qu'elles ne pouvaient rien obtenir, elles la traitèrent d'enthousiaste. On dit qu'elle perdait la tête. Comme on savait qu'elle aimait la musique, on passait et repassait sous ses fenêtres avec l'instrument pour la tenter. Le Pasteur qui l'estimait beaucoup, fit aussi tous ses efforts pour l'engager à renoncer à ses nouvelles idées ; il mit en œuvre toute son influence, sans réussite. Elle éprouva la vérité de ces paroles de l'Ecriture : « Tous » ceux qui veulent vivre selon la piété souffriront persécu- » tion. » Ayant résolument pris l'Evangile pour la règle de sa conduite, elle avait vu qu'il n'y a pas de temps pour le péché ni la folie. La mort prématurée d'une parente, qu'elle aimait tendrement, servit aussi à la réveiller. Tôt après, elle songea qu'elle la voyait, lui disant des choses relatives à la vie future et à l'importance du salut : qui firent une profonde impression sur son esprit, quoique ce ne fût qu'un songe.

Par sa conduite exemplaire, elle avait su se concilier l'estime et l'affection de ses semblables. Plusieurs proposi-tions avantageuses de mariage lui furent faites par des per-sonnes estimables des environs. Elle les refusa, ayant presque décidé de garder le célibat, ne recherchant ni les honneurs, ni les richesses périssables. Mⁱⁱᵉ Houël cherchait le Seigneur ; sentant qu'elle était pécheresse, créature déchue, tombée, elle déposa son fardeau au pied de la croix ; il se fit trouver ; elle goûta cette paix que le monde ne peut donner ni ôter. Dans la suite, plusieurs de ses jeunes compagnes la suivirent dans les voies de la piété. Voici ce qu'elle en a écrit elle-même, que je trouve dans un manuscrit : « Dans l'année

» 1790, la divine Providence disposa les amis de la vérité,
» les Wesleyens de l'île de Guernesey, à envoyer un de leurs
» prédicateurs en France. M. Mahy fut destiné à cette mis-
» sion si importante et si pénible. Il débarqua à Courseul,
» où il fut reçu chez un protestant de cette paroisse. Il fut
» très-bien accueilli de ses auditeurs. Sa renommée se
» répandit dans les environs. Les anciens des Eglises l'invi-
» tèrent de venir prêcher dans leurs lieux de culte. Ce
» serviteur de l'Eternel, rempli de gratitude de voir que la
» porte semblait être ouverte, répondit à leurs invitations ;
» il fut premièrement à Cresseron, ensuite à Périers et à
» Beuville, où il annonça l'Evangile avec le pouvoir, et la
» vertu du Seigneur, avec l'efficace du Saint-Esprit venant
» des cieux, de sorte que plusieurs disaient : « cet homme
» parle comme on n'a jamais rien entendu de semblable ! »
» En effet, la parole était accompagnée de la vertu de Dieu,
» pour le salut des âmes. Pendant quelques semaines, le
» nombre des auditeurs augmentait toujours. Il en vint des
» lieux plus éloignés, pour entendre la bonne nouvelle du
» salut. »

« Alors les anciens et les protestants, en général, s'assem-
» blèrent à Cresseron, et décidèrent de faire une pension et
» de procurer un cheval au prédicateur. Mais l'ennemi de
» toute justice, qui rôde ainsi qu'un fier lion pour s'opposer
» sans cesse au règne du Seigneur, ne tarda pas à y mettre
» des obstacles. Il se servit à cet effet du ministre de la ville
» voisine, qui avait eu des conversations avec un homme
» d'Aurigny, lequel avait dit toute sorte de mal en mentant,
» comme dit le Sauveur, de sorte qu'il écrivit immédiate-
» ment aux anciens des Eglises, afin d'y mettre opposition ;
» car, disait-il : « C'est comme chez nous, les moines fana-
» tiques et bigots ; » ajoutant d'autres calomnies semblables,

» de sorte que plusieurs, qui s'empressaient à écouter la
» doctrine de l'Evangile, se retirèrent et se déclarèrent les
» ennemis de la parole du salut. Cela fit d'abord une cer-
» taine division. A Périer, le troupeau ne fut pas séparé ; à
» Cresseron, cette division ne dura pas longtemps, ayant,
» comme les fidèles de Bérée, consulté les Ecritures,
» voyant que la doctrine y était conforme, ainsi qu'à celle
» de l'Eglise réformée, et que celui qui l'annonçait la pra-
» tiquait lui-même (¹). A la tempête succéda le calme. Ils
» donnèrent de nouveau leur confiance à M. Mahy, lequel
» prêchait trois fois la semaine, et souvent trois fois le di-
» manche. Sa vie était dans le jeûne et la prière. Le docteur
» Coke vint en France le 25 septembre de la même année,
» et le reçut dans la charge du saint ministère, le consacra
» pour exercer toutes les fonctions de cette charge impor-
» tante. Depuis, une constante harmonie a régné dans toutes
» les Eglises, ainsi qu'avec les pasteurs. Celui dont nous
» avons parlé avait une piété peu éclairée, il l'a prouvé, tôt
» après, en quittant la robe pour suivre le commerce. M. de
» Queteville vint alors en France ; il accompagna le docteur
» à Paris, afin d'essayer d'y prêcher. » Mais, revenons à Mlle
Houël,... son âme fut encouragée, fortifiée et nourrie, par la
parole pleine d'onction de ces serviteurs de Dieu, rien ne pouvait la détourner. Elle avait trouvé la perle de grand prix. Elle
nous a souvent raconté quel bonheur elle trouvait dans les
voies du Seigneur ! que ses sentiers ne sont que prospérité !
Elle joignit alors les Classes, trouvant son âme d'un tel prix
qu'elle avait besoin de mettre à profit tous les moyens de
grâces, qui donnent un développement à la vie religieuse et

---

(1). Voyez les art. 16, 17, au 22me inclusivement de la *Confession de Foi de
l'Eglise réformée* qui sont la doctrine Wesleyenne.

cimente l'union des fidèles. Malachie dit (ch. iii, v. 16) :
« Ceux qui craignent l'Eternel ont parlé l'un à l'autre, etc. »
Les lumières qui lui étaient communiquées dans ces réunions
lui étaient très-utiles, n'étant encore qu'un tendre agneau.
Chaque classe est confiée aux soins d'une personne d'expérience et de piété, qui se réunit avec les autres membres,
une fois par semaine, pour la prière, et pour s'informer de
l'état religieux de chacun, dans le but d'adresser des exhortations et de donner des conseils. Ces assemblées n'ont rien
qui sente l'inquisition, comme se le figurent quelques per-
sonnes ; loin de là, il suffit à chaque assistant de s'instruire
en écoutant l'expérience religieuse des autres, de donner à
ses frères des conseils dictés par l'amitié et la piété. Le chef
doit être l'ami et le conseiller de tous ; la véritable communion des saints ne règne-t-elle pas ainsi parmi les membres
qui prient continuellement ensemble, ainsi que les uns pour
les autres. Cet état de choses rappelle celui qui existait aux
premiers jours du christianisme. Ceux que Dieu envoya
prêchaient l'Evangile à toute créature. Leurs auditeurs
étaient pour la plupart juifs ou païens. Mais aussitôt que
quelques-uns d'entre eux se trouvaient assez pleinement
convaincus de la vérité pour abandonner leurs péchés et
chercher l'Evangile du salut, ils les réunissaient ensemble,
enregistraient leurs noms, leur conseillaient de se surveiller
charitablement les uns les autres, de s'entretenir à part avec
ceux qu'ils nommaient catéchumènes, afin de les instruire,
de les reprendre, de les exhorter, et de prier pour eux selon
les divers besoins de chacun. Ces réunions ont aussi lieu
dans plusieurs églises réformées de France, surtout dans les
Eglises vivantes du Midi : on les appelle ordinairement
réunions d'expérience. Revenons à Mme Houël : Il s'opéra
alors un changement réel dans sa conduite, le service du

Seigneur faisait ses délices; elle remplaça le chant des chansons par des hymnes et cantiques sacrés. Elle a toujours conservé un ancien recueil de cantiques; nous croyons le premier qui ait été apporté en France. M. de Queteville, lui ayant parlé de la simplicité évangélique, elle vendit tous ses bijoux et joyaux, pour en employer l'argent à de bons usages. Elle a toujours conservé, pour ce vénérable pasteur, une estime et une affection particulière, se rappelant combien sa prédication et sa conduite avaient été en bénédiction à son âme.

Par un enchaînement providentiel, à l'âge de vingt-huit ans, elle épousa M. Mahy, croyant par là, répondre aux directions du Seigneur, lui être une aide en sa vigne. Maintenant unie à un ministre de Christ, elle avait de nouveaux devoirs à remplir; une nouvelle sphère d'activité lui était ouverte, aussi en profita-t-elle, n'étant pas de ceux qui veulent enfermer la piété dans les temples, mais ensuite se donnent bien garde d'en parler, quoique l'Apôtre nous recommande de nous exhorter l'un l'autre. Elle disait comme David : « Le zèle de ta maison m'a rongé. » Sans négliger pour cela les devoirs de famille, comme épouse et mère, elle les remplissait avec joie. Elle se distinguait aussi pour l'ordre et l'économie; simple dans ses goûts, elle avait toujours à cœur de soulager ses semblables, de pourvoir à leurs besoins, en leur rendant tous les services que la charité impose. Pendant quelques années, elle habita Beuville, où elle fut en édification à ses semblables. Dans nos voyages, nous avons rencontré une ancienne amie, avancée dans la sanctification, qui nous dit, qu'elle avait joint le peuple de Dieu par son moyen, tant par ses conversations que par son exemple. Maintenant elle est allée la rejoindre aux lieux célestes.

Dans l'année 1809, elle visita Guernesey pour la première fois, et reçut cet accueil fraternel qui caractérise nos amis chrétiens. Là elle tâcha de mettre à profit tous les priviléges religieux qui lui étaient offerts. Plusieurs se rappellent avec plaisir de sa douceur, de son humeur égale, de ses qualités aimables. Elle fut établie conductrice de classe, et fit tous ses efforts pour ramener les âmes confiées à ses soins à la pure doctrine de l'Evangile, en leur faisant quitter les principes dangereux des mystiques qu'on avait cherché à leur inculquer; par ceux qui veulent garder le feu sous la cendre, qui tuent, écrasent le principe religieux dans son germe; aussi en voit-on les fatales conséquences — la mort! On ne respire pas cet air vital, on ne voit pas cette énergique influence, âme de la religion. Ils ne savent par parler le langage de Canaan, de la Canaan céleste. La chandelle est sous le boisseau. Le sauveur dit: « Que votre » lumière luise devant les hommes, afin que voyant vos » bonnes œuvres ils glorifient votre père qui est aux cieux. » En 1815, elle repassa en France; bientôt après le Seigneur la visita d'une grande épreuve, par la perte de son époux; mais son Sauveur la fortifia, la consola. Cette chaîne rompue, l'engagea à s'unir encore plus étroitement à lui. De retour à Beuville, elle tâcha de ranimer le troupeau. Comme conductrice de classe, elle avait des vues claires pour diriger ses sœurs dans le droit chemin qui mène à la vie éternelle. Il plut à Dieu de semer sa carrière d'épreuves et de tribulations diverses : elle les supporta avec une pieuse résignation, estimant qu'il n'y a point de proportion entre les souffrances du temps présent et la gloire à venir, qui doit être manifestée en nous. (Rom., chap. viii, ver. 18.) Elle lisait fréquemment ce chapitre, le méditait. Le troupeau se rappelle encore avec plaisir de ses soins charitables à leur égard. Elle avait une telle affection pour tous ceux qui craignent le Seigneur; qu'elle recevait avec joie ses enfants de quelque pays, ou dénomination religieuse qu'ils fussent; plusieurs en diverses endroits se rappellent, avec gratitude, du bon accueil qu'ils ont reçu sous son toit hospitalier, de la cordialité de sa conversation.

En 1827, nous fûmes appelées aux fonctions d'institutrices pour l'église de Condé-sur-Noireau et les annexes; nous quittâmes Béuville. Nous reçumes un accueil favorable du pasteur, qui nous présenta au Consistoire, ainsi qu'à son troupeau. Dans ces églises, elle rencontra plusieurs âmes précieuses, lesquelles avaient été converties au Seigneur par la prédication de feu son époux, des fruits de ses labeurs. Là elle fit tous ses efforts pour amener quelques âmes à Christ; tant au dedans parmi les élèves, qui l'aimaient beaucoup, qu'au dehors. Nous espérons que ses travaux n'ont pas été vains. Elle annonçait les vertus de celui qui l'avait appelée des ténèbres à sa merveilleuse lumière. (1re de saint Pierre, chap. ii, ver. 9.)

En 1836, quelques circonstances la rappelèrent à Caen, où elle éprouva une maladie assez grave. Elle fut visitée journellement par MM. les pasteurs Rollin et Olive. Il plut au Seigneur de la rappeler à la vie. Elle recommença ses travaux, en édifiant les fidèles de cette ville, tâchant d'éclairer ceux, qui étaient dans les ténèbres, qui ne connaissaient pas le chemin étroit; de fortifier les faibles. Depuis son retour des îles, elle avait toujours regretté la douce société de ses amis chrétiens, les nombreux priviléges dont elle avait joui pendant son séjour au milieu d'eux.

En 1838, elle retourna habiter Guernesey, son île favorite. Là son âme fut raffraichie, nourrie. Elle fréquentait régulièrement la maison de Dieu, même lorsque le temps était difficile; disant : «Je sors pour mes affaires, ferai-je moins

» pour mon Dieu? » Elle avait un souverain respect pour les ministres de l'Evangile, à cause de l'œuvre excellente qu'ils font. En tout temps, en toute occasion, elle faisait son étude de plaire à son Dieu. Lorsqu'elle se rencontrait dans quelque société où la conversation était vague, ou inutile, elle en ressentait une vive douleur, et s'en humiliait devant le Seigneur, se rappelant ce passage : « Que votre conversation » soit celle de bourgeois des cieux. » Je regrette de ne pouvoir mettre au jour plus de son expérience religieuse, mais elle ne gardait pas de journal. Ceux qui l'ont connue, se rappelleront l'avoir entendu parler avec humilité d'elle-même, ayant à combattre contre l'incrédulité qui mettait obstacle à sa course spirituelle. Elle n'avait pas de ces joies, de ces extases dont quelques chrétiens jouissent, mais sa piété était solide. Elle était si humble qu'elle se considérait une des dernières. Dans sa mise elle était remarquable par la simplicité, la propreté, évitant tout superflu, croyant, d'après l'Ecriture, que cela convenait mieux à une servante du Seigneur; évitant également toute singularité, et n'y attachant aucun mérite. Elle veillait sur ses défauts les plus petits; connaissant, dans une grande mesure, la corruption de son cœur. Moi, qui ai presque toujours habité avec elle, qui l'ai connu jusque dans ses moindres détails, je puis dire que je n'ai jamais vu en elle de légèreté, d'inconséquence. Elle vivait dans une communion intime avec son Dieu. Elle parlait, agissait toujours comme en sa présence. Un jour, en versant des larmes de joie et de reconnaissance, elle s'exprima ainsi : « J'éprouve un vif sentiment de reconnais- » sance à l'égard des trois personnes de la très-sainte Trinité.

» 1° Envers le Père qui m'a créée. Oh ! que j'aime Dieu » le Père !

» 2° Envers le Fils ce bon Sauveur qui m'a rachetée à un

» prix infini, au prix de son précieux sang. Oh! que j'aime
» ce bon Sauveur!

» 3° Envers le Saint-Esprit ce doux Consolateur. Oh! je
» ne puis exprimer ce que je ressens pour le Saint-Esprit! »

Pendant son séjour à Guernesey, elle éprouva une maladie qui la réduisit presque au tombeau. Elle fut visitée par M. le pasteur de Putron. Aucune plainte ne sortit de sa bouche, quoiqu'elle fût naturellement vive. La grâce avait pris le dessus. La confiance en son Sauveur était grande, ferme, inébranlable. Elle se rétablit lentement; les nombreuses épreuves par lesquelles il avait plu au Très-Haut de la visiter, avaient miné sourdement sa constitution. Les médecins nous ayant ordonné un changement d'air pour le rétablissement de sa santé, en 1843 elle repassa en France. Avant son départ elle avait une petite fièvre, nous espérions que le changement lui serait favorable. Au mois de juin, elle arriva à Nantes, où elle fut bien accueillie du pasteur, et de quelques membres du troupeau. Effectivement sa santé semblait se rétablir. Hélas! pour peu de temps! Elle se dévoua de nouveau à son bienfaiteur, corps et âme, invitant tous ceux qu'elle rencontrait à travailler à leur salut; priant avec une ferveur extraordinaire, pour la manifestation du règne de son glorieux maître. Elle semblait mûre pour le ciel. Quelques âmes ont ressenti l'effet de ses ardentes supplications. Un ami en particulier, ancien de l'Eglise, homme estimable, dit : « Je lui dois beaucoup; elle m'a
» appris à prier. » Depuis qu'il l'a entendue, il prie aussi d'abondance, ce qu'il n'avait jamais fait auparavant.

A son arrivée au pays, elle fut vivement peinée en voyant profaner le jour du Sabbat d'une manière ouverte, sans aucune retenue, quoique le créateur l'ait mis à part pour son divin service, disant : « Tu ne feras aucune œuvre ce jour là, etc. » Il nous ordonne de le sanctifier, en ayant lui-même donné l'exemple. Elle était stricte sur ce point, veillait avec soin que tout se fasse le samedi, pour ne faire le dimanche que les choses absolument indispensables, pour vaquer plus librement au service du Seigneur. Il serait à désirer que les mères chrétiennes donnassent cet exemple à leur famille. L'esprit ainsi dégagé des choses terrestres, prendrait plus facilement l'essor vers les célestes.

En allant au temple le dimanche, l'espace d'une demi-lieue, elle exhortait, par le chemin, ceux qu'elle rencontrait : leur disant : d'observer le saint jour, de donner leur cœur au Seigneur, etc. Nous voyons ses progrès journaliers dans la grâce : sa patience était à toute épreuve; tâchant de recouvrer, toujours plus amplement, l'image de Dieu perdue par la chûte d'Adam. (1)

Au mois d'octobre, elle eut une seconde attaque de maladie : j'appelai de suite un médecin qui la traita, déclarant qu'il n'y avait rien de dangereux. Pour moi, le cœur navré de douleur, je croyais bientôt la perdre. Un jour, je priai instamment le Seigneur : et j'eus le sentiment qu'il me la laisserait encore quelque temps; en effet elle a vécu un an depuis cette époque. Elle fut souffrante tout l'hiver, au printemps elle sembla se ranimer.

Au mois de juin 1844, ayant changé de domicile, nous fûmes habiter plus près de la ville. Une réunion religieuse fut formée dans le voisinage : elle y assista autant que sa

---

(1) Peut être trouvera-t-on étrange qu'une femme parle autant à ses semblables de leurs éternelles destinées, croyant que cela n'appartient qu'aux pasteurs ; à ceci nous répondons par les paroles du Sauveur : « Va dans les chemins et le long des haies, et » presse d'entrer ceux que tu trouveras, afin que ma maison soit remplie. » (Luc, chap. XIV, ver. 23.) Nous voyons aussi que, du temps de saint Paul, il recommande celles qui travaillaient avec lui, en particulier Phébe et Perside. (Rom., chap. XVI, ver. 1 et 12.)

faible santé put le permettre, y priant avec une telle onction que les assistants en furent tous pénétrés; expliquant la parole avec aptitude, mais, hélas! ses travaux furent bientôt interrompus. La maladie qui devait terminer ses jours fit des progrès rapides. A la fin de juillet ou au commencement d'août, elle fut obligée de garder la maison. Elle chantait souvent ce cantique : (127, édition de Quette.)

> Qu'heureux est l'homme, à la fin de sa vie,
> Qui verra Christ en sa chère patrie!
> Heureux qui, plein de grâce, ira dans ton palais
> Te contempler, Seigneur, te louer à jamais!
>
> Là, de tous maux notre âme est délivrée,
> Et de tous biens enrichie, énivrée;
> Là, l'esclave n'est plus sujet à son seigneur;
> Là, le pauvre est comblé d'allégresse et d'honneur.
>
> Plus de combats, de maux, de lassitudes;
> Plus de chagrins, d'ennuis, d'inquiétudes.
> C'est là que des méchants on n'est jamais troublé;
> Que de félicités on est comme accablé.
>
> Plus de besoins, ni de la nourriture,
> Ni du secours d'aucune créature;
> Comme on possède tout, on n'a besoin de rien;
> En Christ, arbre de vie, on trouve tout son bien.
>
> Dans cet heureux, inénarrable empire,
> Chacun jouit de tout ce qu'il désire;
> Plus on aime son Dieu, plus on le veut aimer;
> Plus pour son Rédempteur on se sent enflammer.
>
> Les pleurs passés, les soupirs, la tristesse,
> Sont oubliés, tout n'est plus qu'allégresse.
> Un instant de tourment, un malheur temporel
> Produit en nous le poids d'un bonheur éternel.

> Sans regarder aux douleurs passagères,
> Aux maux du temps, à nos peines légères,
> Pensons, à chaque instant, que nos petits travaux
> Seront bientôt suivis d'un éternel repos.

Elle avait toujours aimé le chant sacré, disant que cela élevait son âme au-dessus des choses visibles, et semblait alors anticiper les béatitudes contenues dans ce cantique divin. Elle était interrompue par de fréquents accès de toux, par une oppression gênante; lorsqu'elle ne pouvait l'entonner, elle nous priait de le lire.

Un second médecin fut appelé, qui déclara que c'était un catarrhe pulmonaire, que la maladie était incurable. Elle apprit cette nouvelle avec calme et résignation. Elle savait en qui elle avait cru. Bientôt après, elle fut obligée de garder le lit une partie de la journée. Elle s'est levée jusqu'à la fin, car son courage était grand.

Je lisais près d'elle; elle écoutait attentivement, se joignait à la prière, de toute son âme : elle nous édifiait en nous exhortant à la charité et aux bonnes œuvres. Quelques amis étant venus la voir, elle nous dit : « Vivez en union, » en paix, mes amis, le Seigneur vous bénira ! » Elle ne fut pas de ces chrétiens qui ont une piété farouche, qui craignent, redoutent ceux qui les approchent. Ses souffrances étaient grandes; sa toux incessante ; aucune plainte ne sortit de sa bouche.

Elle fut visitée par M. le pasteur Rosselet qu'elle estimait, son âme ayant été nourrie par sa prédication. Il a été témoin de sa foi, de sa patience : il lui a témoigné beaucoup d'égards.

Un dimanche au soir, qu'il était venu la voir, ainsi que quelques amis, nous lui donnions la main pour l'asseoir : entre les violents accès de toux, elle exhortait les assistants, dont la chambre était remplie, à se dévouer au service du Seigneur, exprimant tout le bonheur qu'elle y avait trouvé et la paix dont elle jouissait maintenant : tous fondaient en larmes. Plusieurs garderont le souvenir de cette soirée mémorable. Ses forces corporelles déclinaient visiblement. Un jour, priant pour moi avec ferveur, elle me donna sa bénédiction d'une manière touchante. Veuille le Seigneur exaucer, en ma faveur, ses ardentes supplications, et faire tomber sur moi les bénédictions que sa tendresse maternelle y a appelées ! Ensuite, elle témoigna quelque regret de me laisser seule, sans appui, dans un pays que j'habitais depuis peu ; elle me recommanda à ses amis. Ayant pris quelques aliments, rendant grâce, elle ajouta : « Comme Dieu a pris » soin de la mère, j'espère, et j'ai la ferme confiance qu'il » prendra soin des enfants ! » En parlant de nous, « qu'il ne » les abandonnera pas. » Le 9 octobre, M. Rosselet étant venu la voir l'après-midi, il lui parla de l'état de son âme ; elle avait toute sa présence d'esprit. Elle répondit, avec clarté et énergie, que l'ancre de sa foi était ferme, basée sur le rocher des siècles, qu'elle savait en qui elle avait cru ; qu'elle voyait approcher la mort avec calme, avec joie, qu'il lui tardait de rejoindre son Sauveur. Il fit une prière pleine d'onction ; elle s'y joignit avec ardeur. Hélas ! nous ne la croyions pas si près de sa fin. Ce fut le dernier entretien qu'il eut avec elle.

Le soir, elle souffrait beaucoup comme à l'ordinaire, en lui rendant des soins, elle me dit avec tendresse : « Ah ! » ma fille, tu es bien la plus douce ; » car, pendant sa longue maladie, elle préférait mes soins à ceux de tout autre. Elle craignait toujours de donner trop de peine, trop d'embarras. Un jour, lui exprimant mes regrets de ne pouvoir la soulager dans ses pénibles souffrances, de ne pouvoir faire plus pour elle, sentant combien je lui étais redevable pour tous ses soins envers moi. Elle répondit : « Je ne regrette qu'une » chose, c'est de te donner tant de peine ; tu me fais trop » bien. » Lui ayant donné du vin, me rendant le verre, elle dit : « Tout est accompli. » Je la veillai jusqu'à minuit, j'étais épuisée de fatigue, rien ne semblait annoncer sa fin ; elle me dit : « Va te reposer, ma fille ! » Je priai près d'elle, j'appelai sa garde, lui souhaitai le bonsoir. Hélas!... J'espérais la revoir, mais inutilement ! Le lendemain de bonne heure, ne l'entendant pas, je demandai comment elle était ; la garde répondit qu'elle reposait tranquillement, qu'elle lui avait demandé de la lever à cinq heures, qu'elle s'était placée elle-même sur son oreiller et avait sommeillé ensuite. Je m'approchai du lit pour lui souhaiter le bonjour, selon ma coutume, lorsque je m'aperçus de mon malheur !... Ma plume ne peut décrire ce que j'éprouvai alors !... Peut-être quelques personnes dans le deuil pourront s'en faire une idée : comme je regrettais de m'être couchée ! Sa physionomie, calme et sereine, portait l'empreinte du bonheur ; il n'y avait aucune altération dans les traits de son visage. Son âme quittant la tente d'argile, avait pris l'essor vers les régions célestes.

Elle s'endormit ainsi dans le sein de son Sauveur, le 10 octobre 1844, à l'âge de soixante-treize ans et quelques mois. « Considère l'homme droit, sa fin est la paix. » Mère bienheureuse, j'avais vu briller en elle les traits de mon adorable Sauveur ; puissé-je la suivre comme elle a suivi Christ. J'ai souvent rendu grâce au Très-Haut de m'avoir donné la meilleure des mères ! de m'avoir fait naître de parents chrétiens ! J'en éprouve dans ce moment une vive gratitude ! Tels furent les derniers moments d'une des premières et plus anciennes Wesleyennes de la France.

Le 12, ses restes inanimés furent inhumés dans le cimetière protestant de Nantes (appelé Miséricorde), par M. le pasteur ROSSELET, qui fit un discours touchant sur sa tombe, qui fut écouté avec une profonde attention, tant par les catholiques que par les protestants.

Elle a été regrettée de tous ceux qui l'ont connue. Chaque jour, je sens la perte irréparable que j'ai faite ; je me rappelle son exemple, ses conseils prudents et affectueux, pour me servir de guide. Que dis-je, ma perte fait son gain ; maintenant, devant le trône de Jéhova !... elle jouit du fruit de ses labeurs.

J'ai la douce consolation qu'après avoir souffert, combattu un peu de temps, j'irai la rejoindre dans ce bienheureux séjour, où toutes larmes seront essuyées de nos yeux, pour ne nous séparer jamais !

ÉPITAPHE DE SON TOMBEAU.

ICI REPOSE LE CORPS
DE **MARIE-FRANÇOISE HOUEL**,
VEUVE DE **WILLIAM MAHY**,
MINISTRE DU SAINT ÉVANGILE,
DÉCÉDÉE LE **10** OCTOBRE **1844**,
AGÉE DE **73** ANS.

« *Heureux sont les morts qui meurent au Seigneur,*
» *car ils se reposent de leurs travaux, et leurs œuvres*
» *les suivent.* »

Quelques traits de son caractère.

Sa piété filiale.

Comme fille, elle était soumise, respectueuse. Je lui ai entendu dire que, lorsqu'elle désobéissait à sa mère, elle croyait désobéir à Dieu : elle la regardait comme remplaçant à son égard la divinité sur la terre. Elle avait une parfaite obéissance. Quelques jours avant sa mort, elle nous racontait les jours heureux de son enfance, de son séjour à **P. V.** qu'elle appelait un Eden, dont elle avait toujours gardé le doux souvenir, ainsi que des bontés de sa mère envers elle. Sa piété filiale peut être égalée, guère surpassée.

Comme épouse et mère.

Elle était vertueuse, fidèle, soumise, selon le Seigneur. Il lui donna des enfants : elle les lui consacra dès leur naissance, les éleva dans sa crainte, faisait régulièrement le culte de famille, matin et soir. Elle était mère, tendre et affectionnée, éclairée, elle exerçait sur nous une autorité, mêlée de douceur, précise, exacte dans ses promesses, peine ou récompense : une vigilance vraiment maternelle. Exempte de cette faiblesse ordinaire à trop de parents, qui les fait passer légèrement, aveuglément sur les fautes de leurs enfants, ou de cette sévérité outrée de ceux qui les punissent sans mesure ; elle ne négligeait rien pour le développement de nos facultés morales et religieuses : dont nous gardons le doux souvenir, honorant sa mémoire. Sa bienveillance et ses soins étaient très-dignes d'une mère chrétienne.

Comme épouse de Pasteur.

Elle était active, zélée, dévouée, ne mettant pas sa piété à l'ombre. « Vous êtes la lumière du monde. (*Mat.*, v, v. 14, 15, 16.) » Elle visitait les petits du troupeau : aimant tous les hommes, les regardant comme frères, supportant leurs défauts. « Tu aimeras ton prochain comme toi-même. » Tâchant de pourvoir à leurs besoins selon ses moyens, elle regretta souvent de ne pouvoir faire plus pour la cause de l'Evangile. Elle était exempte de cette basse jalousie qui surveille ce que les autres pourraient faire pour le paralyser. Elle avait beaucoup de cet esprit d'humilité, d'union, de charité qui animait les chrétiens de l'Eglise primitive.

Comme amie.

Elle était désintéressée ; pendant douze ans, sa maison fut ouverte gratuitement à tous les amis chrétiens des divers pays : se trouvant honorée d'être en quelque sorte l'aubergiste du Seigneur, n'oubliant pas ce passage : « Exercez l'hospitalité, etc. » Aussi, nous avons eu la faveur de recevoir plusieurs pasteurs d'un rare mérite et d'une piété distinguée, qui étaient pour nous des modèles de vertus et dont je possède encore les lettres. Jamais le froid égoïsme ne trouva place dans son cœur généreux, étant franche, sincère, fidèle ; aussi était-elle généralement aimée.

Son attachement à l'Église réformée.

Mon père, ayant désiré donner un lieu au Seigneur pour son service ; après sa mort, elle s'empressa d'exécuter ce dessein. Elle donna un terrain aux habitants de Beuville, pour bâtir un temple, et aussi pour un cimetière pour les réformés. Les wesleyens y prêchent également. Elle avait pour principe de ne jamais assister à aucun autre culte, pendant les heures du temple réformé : étant conforme en cela même aux règles de Wesley, d'y prendre le Sacrement. Étant ennemie de toute dissidence, elle resta toute sa vie fermement attachée à l'Eglise qui l'avait premièrement reçue dans son sein ; elle en respectait les pasteurs, supportait leurs droits, était toujours en harmonie avec eux, en pratiquait tous les dogmes, tâchait de tout concilier conformément à la Bible. Elle était chrétienne biblique.

Comme Wesleyenne.

Elle a retenu constamment sa profession sans varier, pendant cinquante-quatre ans. Nous croyons qu'elle fut une des premières qui joignit les réunions d'expériences. Elle disait : « Quelle belle société que ma société ! que de pri-
» viléges avantageux pour l'édification dont nous jouissons ! »
Elle aimait naturellement la société ; étant d'un caractère expansif, elle trouvait ses délices dans les communications religieuses. Sa piété était exempte néanmoins de ces sentiments d'étroitesse sectaire qui dessèche l'âme et désole l'Eglise, du préjugé, maladie fatale du vulgaire ! Comme Erskine, laissant toutes les barrières de séparation, elle disait : « Si ton cœur est comme le mien, si tu aimes Dieu et
» tous les hommes, je ne te demande plus rien ; donne-moi
» la main. » Elle avait un amour universel, aimant, donnant la main à tous ceux qui servaient Dieu en esprit et en vérité, qui pratiquaient la justice, le culte légitime selon l'Evangile, comme membres du Christ.

Nous avons donné quelques-uns des principaux traits de son caractère, nous ne prétendons pas qu'on croie qu'elle fut parfaite, elle ne l'était pas ; elle y tendait, comme dit l'apôtre, recherchant toujours plus ardemment « la sanctification, sans
» laquelle personne ne verra le Seigneur. » Cette doctrine a été souvent décriée étant mal comprise. Voici quels étaient ses sentiments. Elle rejeta l'emploi de termes tels que ceux-ci : perfection adamique ; perfection sans péché ; perfection absolue ; le mot perfection ne doit jamais s'employer seul, elle disait : perfection chrétienne. L'écriture sainte enseigne cette doctrine, aussi longtemps que le croyant est dans ce monde, il a sans cesse à combattre contre satan et ses tentations, contre le monde et son influence.

Par la perfection chrétienne, ou l'entière sanctification, nous devons entendre l'entière soumission de notre volonté à la volonté de Dieu, de telle sorte que nous puission dire : « Non pas comme je veux, mais comme tu veux. » Alors notre cœur est rempli d'amour divin pour Dieu et tout le genre humain ; et toutes nos paroles et toutes nos actions sont d'accord avec ces principes et en découlent. Les erreurs de jugement, les tentations accablantes, la possibilité de tomber dans le péché, et les infirmités humaines peuvent facilement se concilier avec un tel état de grâce. Le mot perfection, dans son sens le plus complet, ne peut s'appliquer au chrétien dans ce monde ; car nous sommes exhortés à croître dans la grâce. C'est notre devoir de la rechercher, et notre privilége de la posséder ; c'est une doctrine de la parole de Dieu ; notre devoir est d'y croire ; autrement ce serait s'opposer à Dieu et aux apôtres. Dieu a commandé de la posséder et de la pratiquer : « Soyez saints comme je suis » saint. » Cette bénédiction est promise aux croyants : *Deut.* 30, 6 ; *Ezéch.* xxxvi, 25, 26 ; i. *Jean* i, 9. Dieu a promis de circoncire nos cœurs, et de nous purifier. C'est-là tout ce que prétendent affirmer ceux qui admettent cette doctrine. Christ est mort pour accomplir ce but : « Il s'est donné lui- » même pour nous, afin de nous racheter de toute iniquité. » Il est venu pour détruire les œuvres du diable, afin qu'il fît » paraître devant Dieu une Eglise glorieuse, n'ayant ni tache » ni ride, ni rien de semblable, mais étant sainte et irrépré- » hensible.» (*Tite* ii, 14 ; i *Jean* iii, 8 ; *Eph.* v, 27.) Cette bénédiction est demandée à Dieu : «Le Dieu de paix vous » sanctifie entièrement, etc. » Les apôtres possédaient cette bénédiction. (*Gal.* ii, 20 ; *Phil.* iii, 15 ; i *Jean* iv, 17.) Il serait facile de citer un grand nombre de passages sur le même sujet ; mais ceux-ci sont suffisants pour montrer que la parole de Dieu enseigne cette doctrine. La sanctification, en général, est cette œuvre de la grâce divine par laquelle nous sommes renouvelés à l'image de Dieu ; mis à part pour son service, et rendus capables de mourir au péché. Si non l'âme ne pourra jamais être admise en la glorieuse présence de Dieu. Quoiqu'elle s'intéressât au salut de son prochain, ce n'est pas toutefois qu'elle s'érigeât en censeur, en prédicateur, ou qu'elle crût au mérite des œuvres ; non, mais elle croyait qu'elles sont le fruit immédiat de cette foi par laquelle nous sommes justifiés ; de sorte que si les bonnes œuvres, si même toute sainteté tant intérieure qu'extérieure ne suivent pas notre foi, il est clair que notre foi ne nous sert de rien : nous sommes encore dans nos péchés. La foi ne nous dispense pas le moins du monde d'aucun genre de sainteté à aucun degré. La foi chrétienne, la foi des élus de Dieu, qui est un don de Dieu, n'est cependant que la servante de la charité, qui est la fin de toutes les dispensations de Dieu, depuis le commencement du monde jusqu'à la consommation de toutes choses. Elle demeurera quand le ciel et la terre auront passé !

Très-chers amis des iles de la Manche ;

En particulier ceux de l'île fortunée de Guernesey où nous avons habité pendant quelques années, vous qu'elle affectionnait beaucoup, recevez ici le témoignage de sa fraternité.

J'espère que je trouverai près de vous, en lisant sa vie, cette sympathie vraiment chrétienne, cette indulgence dont j'ai besoin pour suppléer à mon petit travail, cette communion des saints ; que j'aurai part à vos prières. Vous êtes chers à mon cœur ; je n'oublierai jamais les douces jouissances que j'ai goûtées dans la société des amis pieux, vraiment dévoués au service de leur Dieu. L'isolement est une des grandes privations du chrétien ici bas ; retarde même ses progrès dans la vie religieuse : aussi voit-on que plus une église est vivante, plus ses membres s'unissent de concert, se donnent la main, s'aident mutuellement à tendre vers le but. Mon esprit, prenant l'essor, franchissant les bornes de la mer, l'espace qui nous sépare, vous visite souvent par la pensée : je me réunis avec vous.

Je ne vous oublie pas, chers amis de la capitale, je demande un intérêt dans vos prières.

Et les chers amis du midi desquels j'ai souvent entendu parler avec lesquels je fraternise, lorsque vous vous assem—blez, priez pour moi.

Très-chers amis de Nantes, au milieu desquels je suis maintenant, quoiqu'elle ait été peu de temps avec vous, vous l'aimiez, vous avez été témoin du triomphe de sa foi, de sa patience ; vous vous êtes réjouis de son bonheur. J'espère que, tout imparfait qu'il est, ce petit récit pourra vous intéresser, étant de celle qui, dans la glorieuse espérance de l'immortalité, a laissé sa dépouille mortelle dans votre pays, près de vous.

FIN.

NANTES, IMPRIMERIE DE VINCENT FOREST, PLACE DU COMMERCE, 1.

www.ingramcontent.com/pod-product-compliance
Lightning Source LLC
Chambersburg PA
CBHW061652050726

47598CB00004B/1560